EL PEQUEÑO MANIPULADOR

BARTOSZ SZTYBOR
MACIEJ ŁAZOWSKI

Traducción:
KAROLINA JASZECKA

El Pequeño Manipulador
Primera edición: octubre de 2021
Título original: *Mały Manipulator*

© 2021 THULE EDICIONES, SL
Alcalá de Guadaíra 26, bajos - 08020 Barcelona
www.thuleediciones.com

© Bartosz Sztybor (texto)
© Maciej Łazowski (ilustraciones)
© Wydawnictwo TADAM, Varsovia
Publicado originalmente por
Wydawnictwo TADAM, Polonia

Director de colección: José Díaz
Diseño gráfico: Jennifer Carná
Traducción: Karolina Jaszecka

EAN: 978-84-18702-08-2
D. L.: B 13905-2021
Impreso por BZGraf S.A., Polonia

El Pequeño Manipulador puede tener aspectos muy distintos.

Puede ser alto

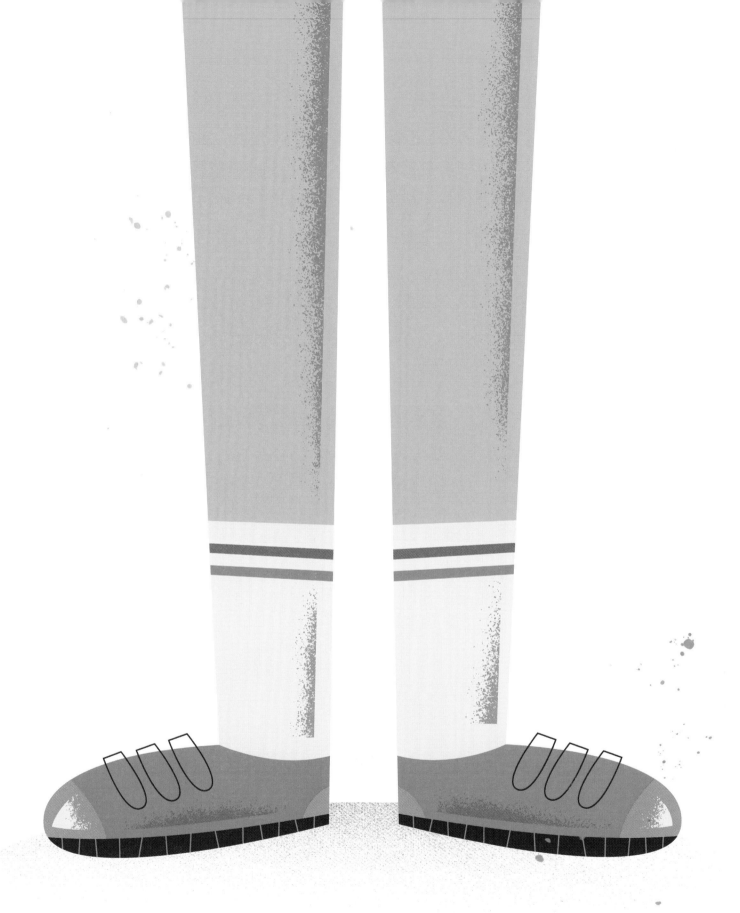

o bajo.

Puede ser una muchacha o un muchacho,

un adulto

o un bebé.

Puede tener el pelo largo

o un peinado ridículo.

Cualquiera puede ser un Pequeño Manipulador.

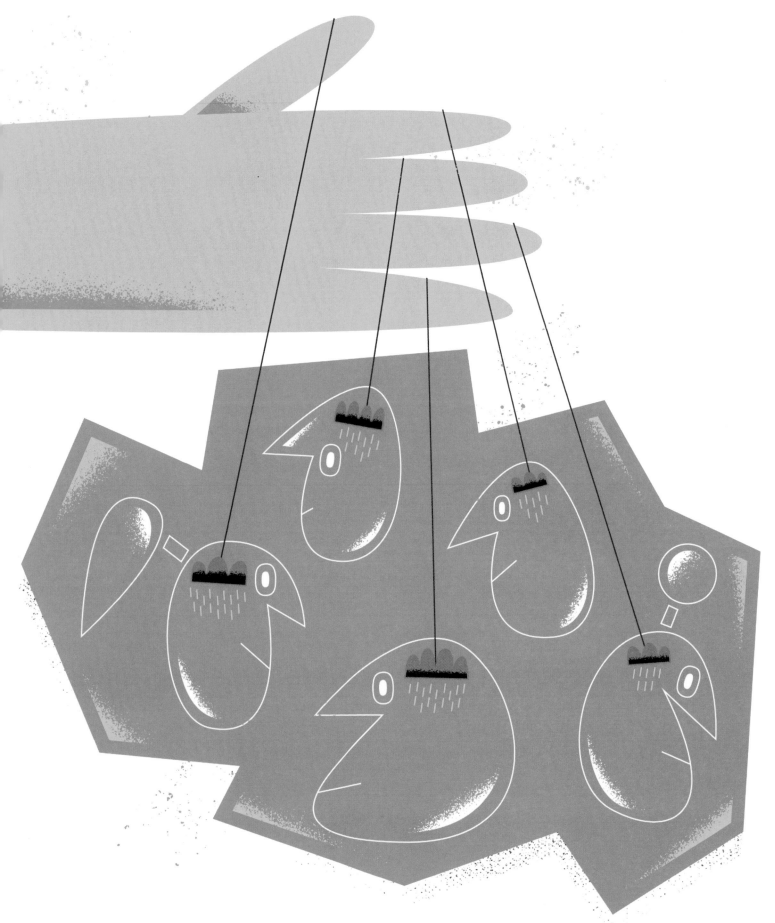

El Pequeño Manipulador consigue que los demás piensen como él.

Que hagan todo a su manera.

Puede hacerlo porque conoce varios trucos
con los que engatusarte.

Supongamos que quieres escuchar un cuento.

Ya sabes que hay muchos.

Entonces el Pequeño Manipulador te preguntará:
«¿Prefieres un cuento sobre caballeros o piratas?»

Porque él quiere que escuches solo uno de estos dos.

Vamos al cine.
¿Prefieres una peli
de risa o una de miedo?

Estoy preparando
la comida, ¿te apetece
sopa o macarrones?

¿Quieres tomar helado?
¿Lo prefieres de vainilla
o de fresa?

Te compro una camiseta.
¿La prefieres
verde o roja?

¿Qué puerta vas a abrir?
¿La de la izquierda o la de la derecha?

Reconocerás al Pequeño Manipulador
porque hace preguntas que limitan tu respuesta.

Algunos dirán que el Pequeño Manipulador no es tan malo.

Después de todo, te ofrece regalos.

Prueba una onza de este delicioso chocolate...

Esta entrada de cine es para ti...

Regalaré a todos los padres 500 paquetes de pañales...

Es cierto, el Pequeño Manipulador regala cosas, pero siempre...

… quiere algo a cambio.

Y es difícil negarte a sus peticiones si antes te hizo un obsequio.

Algunos dirán: «¿Y qué? Al menos recibimos regalos».

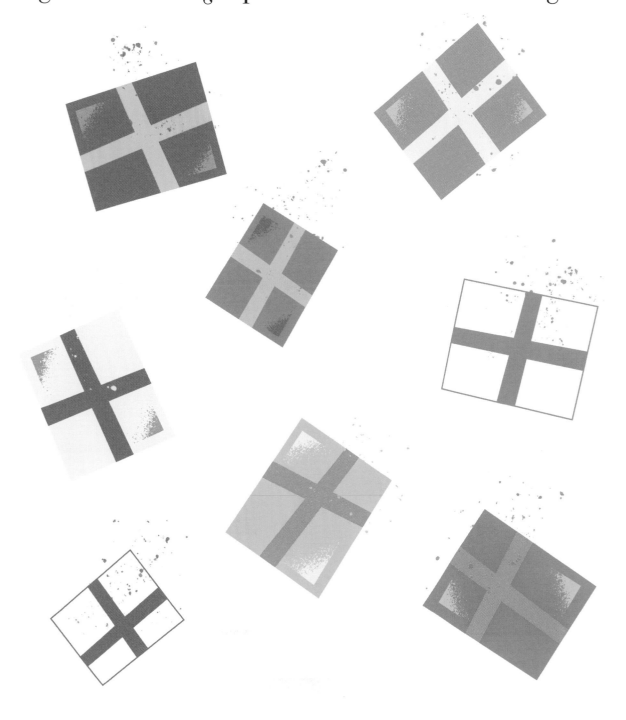

Si te gusta este libro, por favor, pasa la página...

... y responde a todas estas preguntas.

¿Cómo se llama la capital

de Tayikistán?

¿Qué velocidad puede alcanzar

un guepardo?

¿Qué presidente gobernó en Francia

durante los años 1969-1974?

¿CUÁL ES LA DISTANCIA

ENTRE LA LUNA Y LA TIERRA?

¿DÓNDE NACIERON LOS AUTORES

DE ESTE LIBRO?

¿Cuál es la composición

química de la celulosa?

¿Cuántos Enriques que viven

en Tegucigalpa tienen bigote?

¿Cuántos barceloneses prefieren

la mantequilla a la margarina?

Difícil, ¿no?

Cualquier cosa que haga el Pequeño Manipulador
siempre será para sacar ventaja, no por amor al arte.

Así que no te preocupes, no hace falta que respondas
a todas las preguntas.

~~¿Cómo se llama la capital~~

~~de Tayikistán?~~

~~¿Qué velocidad puede alcanzar~~

~~un guepardo?~~

~~¿Qué presidente gobernó en Francia~~

~~durante los años 1969-1974?~~

~~¿CUÁL ES LA DISTANCIA~~

~~ENTRE LA LUNA Y LA TIERRA?~~

Con una respuesta bastará, ¿de acuerdo?

~~¿DÓNDE NACIERON LOS AUTORES DE ESTE LIBRO?~~

~~¿Cuál es la composición química de la celulosa?~~

¿Cuántos Enriques que viven en Tegucigalpa tienen bigote?

~~¿Cuántos barceloneses prefieren la mantequilla a la margarina?~~

Y ahora préstame todos tus juguetes.

¿No me los quieres dejar todos?

Al menos uno, ¿no?

Ahora te parece mejor prestármelo, ¿verdad?

El Pequeño Manipulador sabe que si primero
te pide algo grande,

después te será más fácil
darle algo más pequeño.

El Pequeño Manipulador siempre gana.

Pero tal vez sea algo bueno,
pues hasta Barack Obama dijo:

«Lo que es bueno para el Pequeño Manipulador
es bueno para todos».

Y Marie Curie coincidía con él:

«Respecto al Pequeño Manipulador,
coincido con Barack Obama».

Al Pequeño Manipulador le encanta citar
a personas famosas e influyentes.

Porque sabe que confiamos en ellas
y nos dejamos llevar por sus palabras.

No es de extrañar, según el mismísimo Carlomagno:

«Los famosos siempre dicen la verdad».

¿No lo crees así?

Entonces el Pequeño Manipulador te dirá
que nueve de cada diez personas le creyeron.

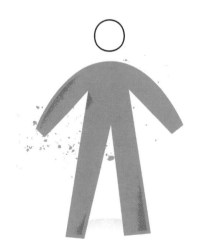

Y que siete de cada diez piensan
que él siempre tiene la razón.

Porque al Pequeño Manipulador
le gusta engañar a los individuos…

... asegurando tener el apoyo de la mayoría.

El Pequeño Manipulador sabe muy bien que todos

somos fácilmente influenciables.

Pero basta con que conozcas sus trucos

para que el Pequeño Manipulador...

... deje de tener poder sobre ti.

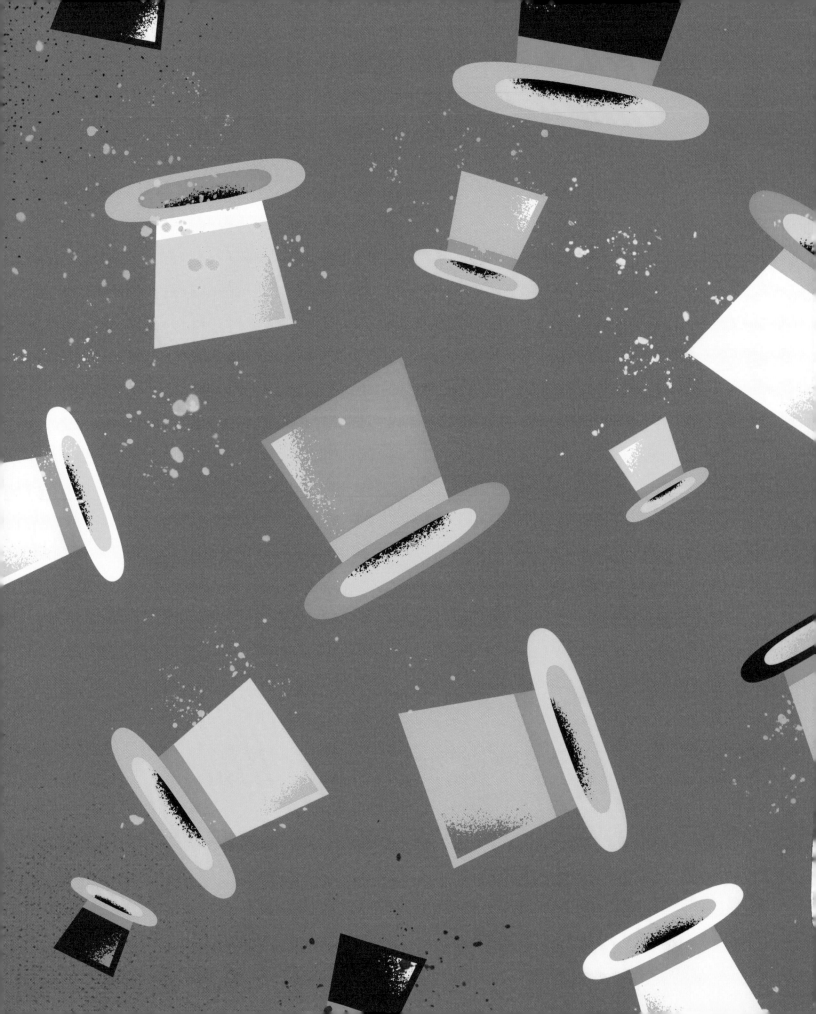